읽으면 초능력2
플라톤의 국가

1판 1쇄 찍음 2025년 4월 30일
1판 1쇄 펴냄 2025년 5월 15일

글 이병안 | **그린이** 로따뚜이

펴낸이 박상희
편집주간 박지은 | **편집** 이병안, 송현정
표지 디자인 신현수 | **본문 디자인** design S

펴낸곳 애니원
출판등록 1994. 3. 17(제16-849호)
주소 06027 서울시 강남구 도산대로1길 62 강남출판문화센터 4층
전화 02)515-2000 | **팩스** 02)515-2007
홈페이지 www.bir.co.kr
제품명 어린이용 반양장 도서
제조자명 애니원 | **제조국명** 대한민국 | **사용연령** 3세 이상

© 애니원 2025. Printed in Seoul, Korea.

ISBN 978-89-491-4704-8 (세트)
ISBN 978-89-491-4706-2 / 74810

애니원 by (주)비룡소

사진 출처
156쪽 - 「소크라테스의 죽음」 ⓒ 위키미디어
158쪽 - 「아테네 학당」 ⓒ 위키미디어
160쪽 - 「플라톤의 동굴 우화」 ⓒ 위키미디어
164쪽 - 정약용 ⓒ 위키미디어
164쪽 - 목민심서 ⓒ 위키미디어

차례

등장인물 • 6

1화 드디어 초능력 사용?! • 9

2화 압도적인 힘 • 29

3화 실존은 본질에 앞선다 • 47

4화 본격! 수련 시작! • 63

5화 새벽의 귀신 소동 • 79

6화 그리스의 철학자, 플라톤 • 95

7화 나랑 친구 할래? • 111

8화 이데아! 나아갈 목표! • 128

사서 쌤과 독서 톡! Talk! • 156
똑똑해지는 인문 고전 캐치업! • 158
캐치업 노트 • 160
핵심 문장 익히면 나도 캐치업! • 162
캐릭터 정보 • 163
초능력 미리 보기! • 164

등장인물

수호가 『논어』로 들어가 처음으로 친해진 사람. 괴팍한 성격에 말보다 주먹이 먼저 앞서지만, 의리 있는 성격으로 수호와 친해진다.

▶자로

정수호◀

사서 선생님의 추천으로 『논어』를 읽고, 초능력 '캐치업'을 얻게 되었다. 원래 친구들과 잘 어울리지 못하고, 운동도 못해 책만 좋아하던 소년. '학이시습지 불역열호' 즉 학습 초능력을 얻은 후 사람들을 지키기 위해 강해지기로 마음 먹는다.

▶ 이탄

캐치업을 얻기 위해 노력하는 중학생. 그러나 복싱 선수 출신으로 이미 육체적 능력, 무력은 보통 사람들보다 훨씬 뛰어나다. 수호와 함께 『국가』를 쓴 철학자 플라톤을 만나게 된다.

▶ 제이

차가운 성격, 세련된 외모로 수호와 같은 반이다. 수호에게 재능이 있다는 것을 알고, 캐처가 될 수 있도록 이끌었다. 미래를 예지하는 초능력이 있다.

▶ 시영

무서운 눈동자, 음침한 분위기의 여학생. 수련을 하던 수호와 탄을 플라톤의 『국가』 속으로 밀어 넣는다. 사람들을 조종하는 능력을 가진 것으로 보인다. 수호와 탄에게 접근한 이유는 무엇일까?

▶ 사서 선생님

학교 도서관 사서 선생님. 수호에게 『논어』를 읽어 보라고 권한다. 초능력에 관한 비밀을 알고 있는 듯하다.

▶ 박 교수

갑자기 등장해 수호와 제이를 구해준다. 수호에게 캐처의 자격과 캐처로서 성장하는 방법을 알려 준다.

1화
드디어 초능력 사용?!

착

?!

?

슉

욱

성가셔지기 전에 끝낸다!

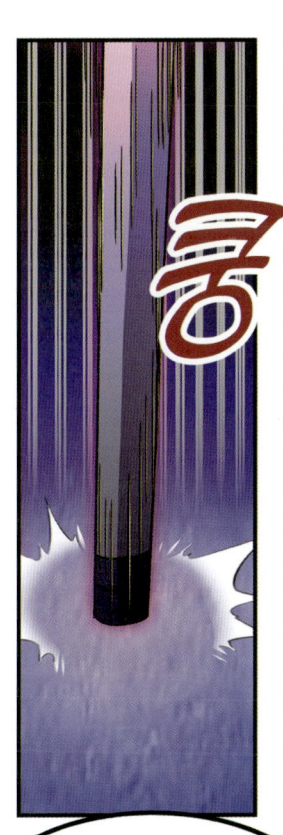

일렁

방금 뭘 본 거지?

부비 부비

2화 압도적인 힘

3화
실존은 본질에 앞선다

누군가를
지킬 때만 쓸 수 있나?
누가 누굴 지켜!
퍽
?
혜수 선생님,
그럼….
네! 교수님
뜻대로 해 주세요.
수호 군,
이거 내 번호니까
저장해 놔.
톡
톡
네?
내일 새벽부터 훈련하자!
궁금한 것 모두 가르쳐 줄게~

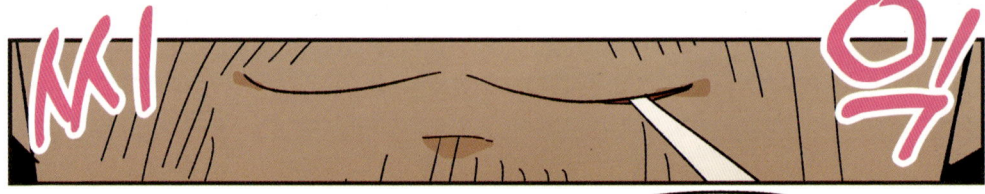

4화
본격! 수련 시작!

5화
새벽의 귀신 소동

짜─안

와!!

정상이다!!

어때요, 탄이 형?!

씨익

하 하

쿵

저 좀 대단하….

촤

악

으아아
아아악!!

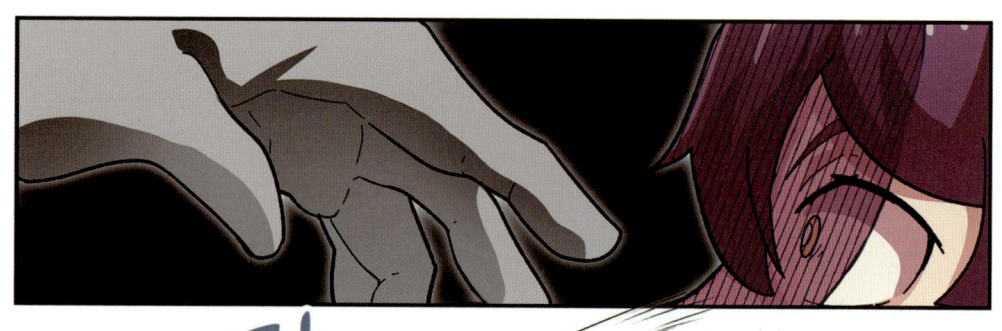

이 자식아!

눈부시잖…!!

뭐, 뭐야.

방금까진 산이었는데…

이상하군.

사람도….

6화
그리스의 철학자, 플라톤

7화

나랑 친구 할래?

!!

산에서 본 사람들과 눈빛이랑 행동이 똑같아!!

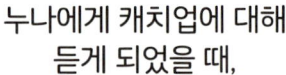

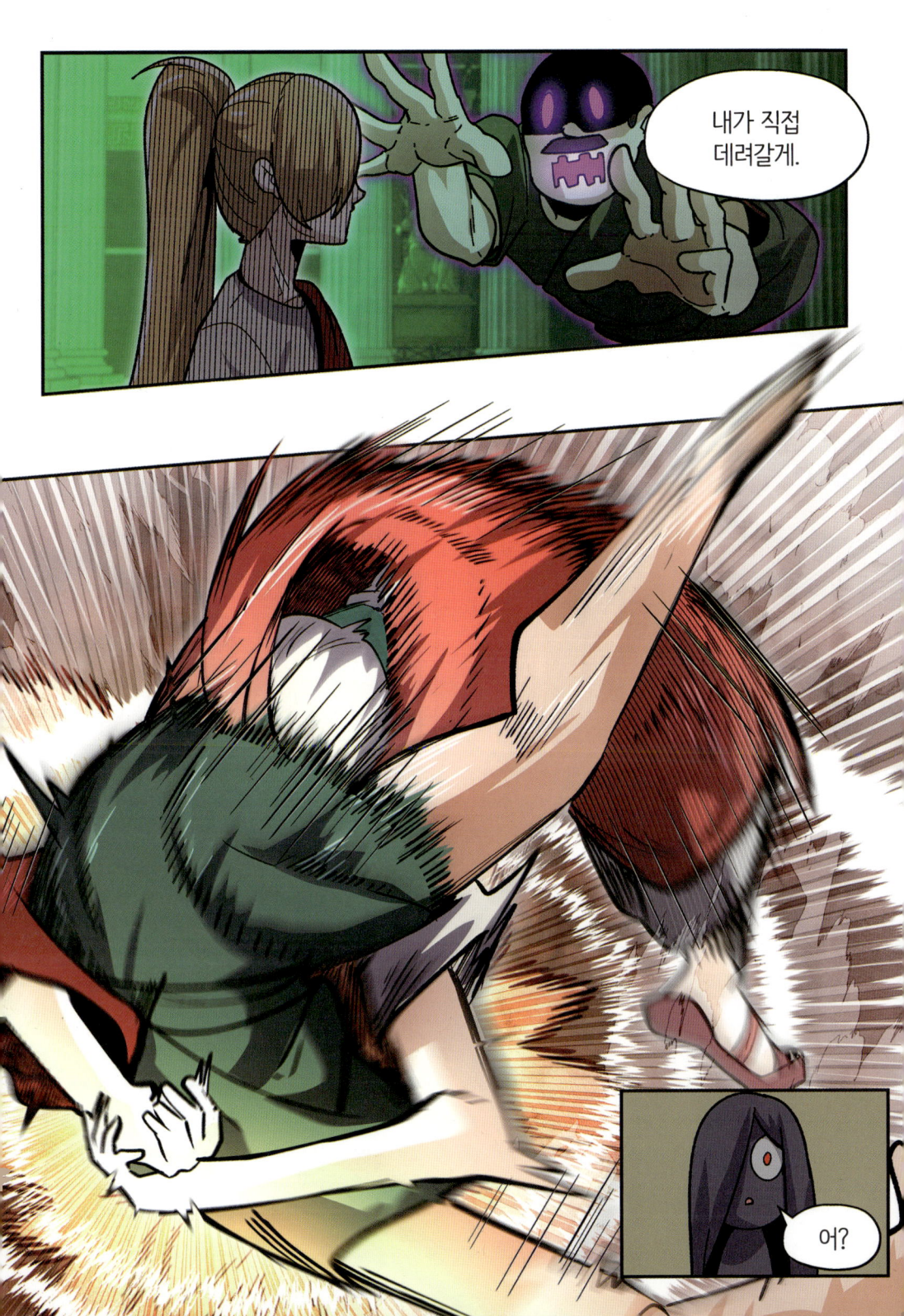

사서 쌤과 독서 톡! Talk!

서양 철학의 고전, 『국가』에 들어간 수호가 이번에는 플라톤을 만나고 왔네? 플라톤에 대해서 궁금한 것이 많다고 수호에게 연락이 왔어!

궁금한 게 뭐야~?

'악법도 법이다'는 소크라테스가 한 말일까?

 쌤! '악법도 법이다'라는 소크라테스의 유명한 말 있잖아요!

그래, 수호야. 궁금한 게 있니?

 그런데 플라톤 님이 그 말은 소크라테스 스승님이 한 말이 아니라고 하더라고요.

많은 사람들이 '악법도 법이다'라는 말을 소크라테스가 남겼다고 생각하지만, 사실 일본의 법철학자 '오다카 도모오'가 남긴 말이야.

 일본 법철학자가 한 말이었어요?!

엄밀히 말하면 '오다카 도모오'가 소크라테스의 철학과 가르침을 쉽게 해석한 말이지.

 그러면 이건 소크라테스가 한 말인지, 아닌지… 아악! 헷갈려요!

중요한 건 소크라테스가 모두 함께 정한 규칙, 즉 법이 불합리해 보이더라도 끝까지 지키기 위해 노력했다는 사실이야.

▲ 「소크라테스의 죽음」(자크 다비드 작, 1787)

알고 보면 레슬링 고수, 플라톤

귀신 같은 그 여자가 탄이 형과 저를 습격했을 때 플라톤 님이 아니었다면 당했을 거예요. 플라톤 님이 갑자기 어른 한 명을 들어서 메다꽂는데, 얼마나 깜짝 놀랐다고요!

아하! 플라톤이 레슬링하는 걸 봤나 보구나!

 레, 레슬링이요…?

고대 그리스의 철학자들은 철학을 공부하는 것뿐 아니라 운동을 하며 체력을 기르는 데에도 열심이었단다. 지식과 도덕성, 체력을 모두 길러야 위인이 될 수 있다고 생각했거든.

 헉!! 그 비실비실해 보이는 플라톤 님이 레슬링을…

그냥 레슬링을 배운 수준이 아니라 '이스트미아'라는 대회에서 2번이나 우승했다는 기록도 있는걸?

 플라톤 님에게 까불면 안 되겠어요.

▶ 똑똑해지는 인문 고전 캐치업!

사서 선생님이 플라톤 님에 대해 알려 주시긴 했지만, 궁금한 게 너무 많아! 어떤 삶을 사셨던 건지 더 알아봐야겠어~!

나도 이번 기회에 공부한다!

철학가이자 교육자, 플라톤

플라톤은 서양 철학사에서 큰 영향력이 있는 그리스의 철학자이자 사상가예요. 플라톤은 현재 대학교의 원래 모습이라고 할 수 있는 고등 교육 기관 '아카데미아'의 교육자였어요.

플라톤은 아카데미아에서 정치학, 윤리학, 형이상학 등 폭넓은 주제를 강의했어요. 그리고 강의에서 멈추지 않고 이러한 가르침들을 책으로 남겼습니다. 이중 가장 유명한 책이 이탄과 정수호가 들어간 『국가』! 이와 같이 플라톤은 사람들에게 가르침을 널리 퍼뜨리기 위해 노력했어요.

▲ 「아테네 학당」
(라파엘로 산치오, 1509)

책을 이렇게나 많이 쓰셨어요?!

플라톤은 젊은 시절 이탈리아를 여행하며 『소크라테스의 변론』, 『크리톤』, 『라케스』 등의 책을 썼어요. 이후 아카데미아 학원을 건립하고, 제자들을 가르치면서 『향연』, 『파이돈』, 『국가』, 『파이드로스』 등의 대표작들을 저술했습니다.

▲ 「아테네 학당」
(라파엘로 산치오, 1509)

스승 소크라테스와 제자 플라톤

▲ 만화 속 소크라테스

플라톤은 아테네의 명문 가정에서 태어났어요. 플라톤이 젊을 때 소크라테스를 만났고, 그에게 가르침을 받으면서 큰 영향을 받았어요. 플라톤이 쓴 많은 책들의 주인공이 소크라테스인 점을 보면 알 수 있어요.

그러던 중 스승 소크라테스가 탄압을 받고 죽음에 이르자 플라톤은 큰 충격을 받았어요. 그래서 플라톤은 정치가로서의 꿈을 버리고, 정의를 가르치기로 결심해요. 이탈리아를 여행하며 학문을 발전시킨 플라톤은 소크라테스의 사상과 결합하여 자신만의 철학을 탄생시켰습니다.

노예로 팔려갔던 플라톤

플라톤은 그가 공부하고 생각했던 대로 최고의 국가를 만들어 보고자, 친구인 디온의 권고로 '시켈리아'라는 나라로 건너가요. 그곳의 왕이었던 '디오니시오스 1세'를 돕다가, 플라톤의 고집에 화가 난 왕이 플라톤을 노예로 팔게 됩니다. 다행히 그의 모습을 알아 본 한 사람 덕분에 구출되어 그리스로 다시 돌아왔어요.

철학뿐만 아니라 정치랑 윤리까지 다 가르치셨네!

캐치업 노트

무섭기도 했지만, 『국가』에서 플라톤 님과 함께 스릴 넘치는 모험을 할 수 있었어! 『국가』에서 탄이 형이 얻게 된 캐치업인 '이데아'에 대해서 더 자세히 알아보자!

이데아란 무엇일까?

이탄의 캐치업! 이데아 (Idea)

▲ 「플라톤의 동굴 우화」(얀 산레담, 1604)

플라톤 님은 우리가 보고 듣고 느끼며 살고 있는 현재 그리고 실재가 존재하는 이데아의 세계로 세상이 나누어져 있다고 생각했어. 이를 각각 어려운 말로 '현상계'와 '이상 세계'라고 표현해. 한번 따라 써 볼까?

플라톤의 세상
- 현 상 계
- 이 상 세 계 = 이 데 아

플라톤의 '동굴의 우화'

자, 그러면 이데아는 무슨 뜻인지 다시 한번 알려 줄게요! 다른 사람들은 저의 이야기를 '동굴의 우화'라고 표현하더군요.

우리가 살고 있는 이 세계는 동굴 안과 같아요. 그래서 우리는 바깥에서 들어오는 빛으로 비춰지는 그림자만 보고 평생을 살게 되죠.

그런데 동굴 바깥으로 나가 보면 그림자를 만든 '실재'를 알게 돼요.

진짜 달과 진짜 별 그리고 그림자가 아닌 진짜 우리. 저는 그 '실재'를 이데아(Idea)라고 부릅니다.

그래서 우리의 멋있는 진짜 모습 '이데아'에 도달하기 위해서 공부하고, 발전해야 하는 거예요. 노력해서 동굴 밖으로 나가야 진짜 나를 찾을 수 있어요.

▶ 핵심 문장 익히면 나도 캐치업!

이탄과 플라톤 선생님의 대화를 다시 한번 꼼꼼히 보면, 플라톤 선생님의 가르침을 더 확실히 알 수 있어. 다음 문장을 보고 맞으면 ○, 틀리면 X에 표시해 봐.

우리가 보고 있는 게 정말 진짜일까?

플라톤

1. 이 세상은 두 가지로 나누어져 있다고 생각합니다. ○ | X
2. 한 세상은 우리와 모든 것의 실재가 있는 완벽한 세상입니다. ○ | X
3. 다른 하나는 거짓말만 존재하는 세상이죠. ○ | X

이탄

그럼 우리가 살고 있는 이 세상은 어떤 세상이지?

플라톤

4. 우리가 보고 있는 세상은 실재의 '그림자'로 이루어져 있습니다. ○ | X

이탄

뭐라고?! 그러면 우리는 진짜가 아니라는 거야?

플라톤

5. 아니요. 우리는 그 '진짜' 즉, 완벽한 실재가 되기 위해 공부하는 등 노력하며 앞으로 나아가야 합니다. ○ | X

정답 : 1.○ 2.○ 3.X(하나의 그림자로 이뤄어진 세상입니다.) 4.○ 5.○

캐릭터 정보

플라톤의 『국가』로 들어가서 탄이 형이 얻은 캐치업은 이데아였어.
나의 '학이시습지 불역열호'보다 더 화려한 것 같아 조금 부럽기도 하더라고!
탄이 형의 정보에 대해서 알아볼까?

이름: 이탄
생일: 12월 17일
좋아하는 것: 고양이, 낮잠 자기
좋아하는 색: 노란색
MBTI: ISTP(장인 유형)
캐치업: 이데아
 (이탄과 움직임을 같이 하는 강력한 소환물을 불러낸다.)

▶ 초능력 미리 보기!

3권 예고

이번에는 정약용의 『목민심서』다!

수호는 박 교수, 이탄, 제이와의 수련으로 더욱 성장한다. 그리고 '학이시습지 불역열호' 즉, '학습' 스킬이 다른 초능력들을 배워 사용하는 능력이라는 사실을 깨닫는다. 『논어』, 『국가』에 이어 정약용의 『목민심서』로 들어가는 수호. 이번에는 캐치업을 얻기 위해서가 아니라 책 속 세상을 지키기 위해 들어간다!
수호와 일행은 적들의 위협으로부터 사람들과 책 속 세상을 지킬 수 있을까?!

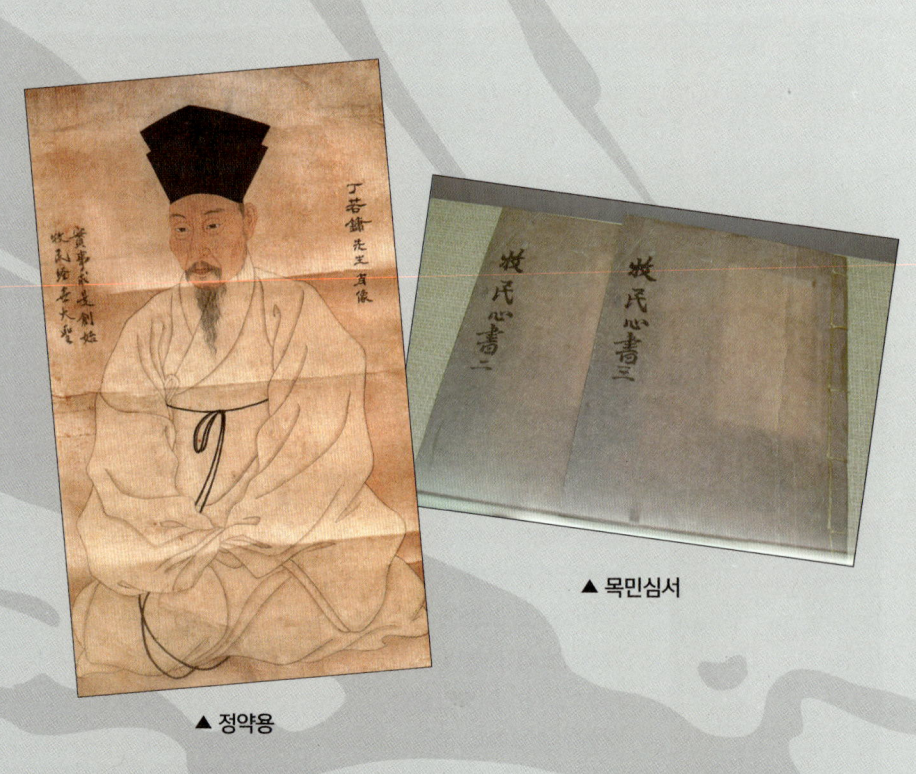

▲ 목민심서

▲ 정약용